바람, 풀잎 이슬 노래하다

바람, 풀잎이슬 노래하다

강윤수 제2시집

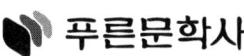
푸른문학사

글쓴이 말

바람
풀잎 이슬 스치듯
살아온 길에서

추억들을 담은
허름한 종이 쪽지들
세월 가는 이야기를

소중한 사람에게
사랑하는 사람에게
전할 수 있다면
살아온 길 행복입니다.

2024년 10월

강 윤 수

1부 바람의 계절 하나

바람 · 12
세월은 사랑을 열고 닫는 것을 · 13
산사에서 · 14
하얀 물보라 · 16
한벽루 · 17
벚꽃 이야기 · 18
오거리 찻집 · 19
빗소리 · 20
우리 공간에서 · 21
이름 하나 · 22
종이 한 장 주시게나 · 23
그 사랑 때문에 · 24
사진 한 장 · 25
나 그대를 · 26
갈대 바람 · 27
우리 이야기도 누군가의 사랑이겠지 · 28
우리 사랑을 인연이라 할까요 · 29
모악산 · 30
인연을 그대라고 · 31
오래된 편지 · 32
갈매 못 물레방아 · 33
경아의 일기 · 34
그 사랑은 A학점 · 35
월명산 · 36
첫사랑 · 37

2부 바람의 계절 둘

뜬구름 · 40
어디로 가야 하나 · 41
빈 지게 · 42
갈색 바람 · 43
여기는 서울역인가요 · 44
흔적 · 45
풀잎 속삭임 · 46
그곳은 · 47
첫사랑 인연이었다고 · 48
짝 · 49
이른 봄 · 50
이 작은 편지를 · 51
숨겨진 얘기 · 52
봄 처녀 · 53
어느 날이었어 · 54
마지막 사랑을 · 55
가을 잎새 · 56
마침표 · 57
우리 찻잔 · 58
억새풀 · 59
서울역에서 · 60
그대 가을에서 · 61
우리 걸었던 길 · 62
5월의 향기를 · 63
사랑은 바보라는 것을 · 64
그대 이름을 영아라고 부르겠소 · 65

3부 바람의 계절 셋

처음부터 사랑을 · 68
두 글자 · 69
바람은 멈추었는데 · 70
가던 길 · 71
경아의 하루 · 72
일 번지 사랑 · 73
그대는 알겠지 · 74
구름 되어 떠돌다 · 75
소나기 · 76
한 번만이라도 · 77
마장동 터미널 · 78
소양강 편지 · 79
춘장대 · 80
시계탑에서 · 81
꿈이었다는 것을 · 82
연분홍 사랑 · 83
세월아 · 84
미美의 사랑은 바보야 · 85
개나리꽃 · 86
캠퍼스 가로등 · 87
빈 상자인 것을 · 88
못다 한 사랑 · 89
그 사랑을 어쩌란 말이오 · 90
처음 그대로 떠나야 하오 · 91

4부 바람의 계절 넷

바람인 것을 · 94
영등포의 밤이여 · 95
그 사랑은 진실인가요 · 96
채석강의 슬픈 노래여 · 97
그 사랑이 좋았네 · 98
몇 글자 정답이었을까 · 99
빙하의 사랑함을 · 100
영시의 사랑을 · 101
추억인 것을 · 102
한 여자의 인생인가 · 103
전화 벨 소리 · 104
찔레꽃 바구니 · 105
세월에 앉아 · 106
사랑이 뭐길래 · 107
나뭇잎 하나 · 108
한 편의 영화 · 109
바bar의 사랑 · 110
청춘인 것을 · 112
다시 사랑할 수 있을까 · 113
꿈 하나 · 114
세월아 어딜 갔소 · 115
너의 언덕에서 · 116
터미널 인연 · 117
가을 편지 · 118
한 번쯤은 시가 되어 · 120
우리 이야기인가 보오 · 121
바람, 풀잎 이슬 노래하다 · 122

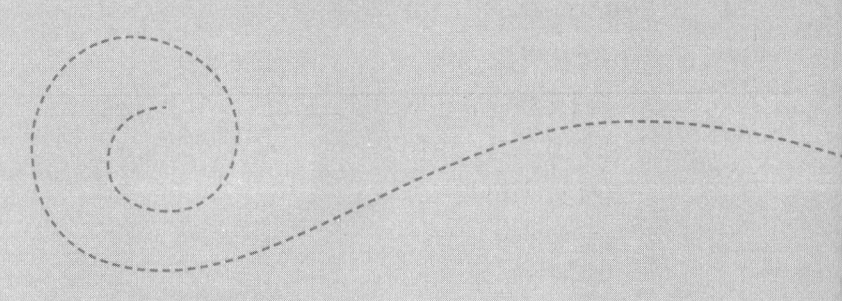

바람 불면
나뭇잎 하나 둘
날아서 인연을 전해 줄까

1부

바람의 계절 하나

바람

바람 불면
나뭇잎 하나 둘
날아서 인연을 전해 줄까

바람 불면
구름 하나 둘
날아서 그리움을 전해 줄까

바람 불면
눈비 하나 둘
날아서 사랑을 전해 줄까

봄여름
가을겨울
우리는 바람이었던 것을

우리는
바람으로 돌아가고
돌아올 수 없는 세월인 것을

세월은 사랑을 열고 닫는 것을

비가 오네
나의 번뇌를 씻겨서
이름 없는 산골짜기 돌부리에서
나의 꽃이 사랑이 피겠지

목마른 삶이여
지금의 삶을 울고 싶은가
우리네 인생길 무엇이 서러운가
그대 입술이 무엇을 말하는가
세월은 사랑을 열고 닫는 것을

언젠가는
이름 모를 술 한 잔에
그 사랑이 때가 되면 취하는 것을
너와 나는 사랑이 피겠지

고달픈 삶이여
나날이 아픈 사랑인 것을
우리는 한 번 더 사랑할 수 있을까
그대 입술이 무엇을 말하는가
세월은 사랑을 열고 닫는 것을

산사에서

계곡마다 간직한 사연
나뭇잎 물방울
별 하나 이슬인가

반딧불도 호롱불도
솔바람 소리도
이슬에 젖어
바윗돌에 새긴 사랑

나뭇잎 소리마다
바윗돌에 담긴 추억들이
산골짜기 물소리에 젖어 가고 있다

산사의 달빛 걸음
바윗돌 씻겨가는 염불
목탁소리 산 너머 속세인가

아니면
스님의 숨겨진 이야기인가요
내 안에 숨겨진 세월인가요

산사의 종소리
덕숭산을 휘어 감는 구려

우리 말해요
숨겨진 삶의 가시
바윗돌 무게를

하얀 물보라

해 뜨는 빨간 물결
꽃망울 가슴이 설렌다

외로운 섬 하얀 물보라
가시 박힌 옛사랑이 밉다

아픈 사랑
새털구름 비가 되어
세월만 지쳐가는 그리움이다

해 질 무렵
파도는 하얗게 노래 부르고
수놓은 추억마다
빨갛게 짙어져 오고 있다

갈매기 파란 물결치면
하얗게 빨갛게 멍든 가슴으로
항구만 울고 있다

한벽루

내 마음을 달래려고
그대 흔적을 찾았소
한벽루 빨래터는 그대인가 보오

내 마음 하늘을 보니
우리 긴긴 여행도
한벽루 빨래터는 사랑인가 보오

하늘이 소리치네
우리 이름이 젖어가는 것을
우리 모습에서 이별을 사랑했나 보오

이별을 사랑했나 보오
오래된 사랑을 어이할까요
마주 본 사랑을 어이할까요

벚꽃 이야기

당신은 벚꽃 이야기를
누구와 함께 할까요
오르막길 나뭇가지마다
하얀 별 반짝이는 봄인가 보다

내리막길 한복집마다 하얀 나비는
연분홍 꽃단장이다

비탈진 산길 선녀 가슴마다
별들의 숨바꼭질이다
하늘에서 숨어 우는 꽃봉오리는
연민의 정일까

산동네 숨은 별은
조각구름처럼 떠돌다가
시집가는 날

숨겨진 사랑
울어야만 했던 당신은
연분홍 신부로
산골바람에 하얀 손 내민다

오거리 찻집

오거리 찻집
우리 인연인가요
운명적인 사랑인가 했던 날들이
지금은 빈터만이 우리 모습인가 보오

얼마나 울었던가
사랑한 세월이 아픈가요
지난 세월 얼마나 사랑했던가요
우리 사랑한 인연은 여기까지인가요

가려면 가세요
되돌아보지 말고 가세요
그대 작은 뜨락에 던져진 사랑인가요
나를 보내는 사랑을 당신이 했던 말을

그 사랑이
우리 가슴에 스미는데
우리는 어찌하여 오랜 세월이 지났는데도
오늘도 인연의 바람에 서 있구려

빗소리

울어다오
당신 가슴으로
그 사랑이 아프도록 울어주오

우리 가슴속에
잠들었던 아픈 추억들
빗소리는 가야금 한 곡조인가

여보게
사랑아 세월아
펑펑 울어대는 빗소리 들리는가

사랑아 세월아
멍든 가슴으로
가야금 소리나 들어나 보소

여보게 당신도
그만 눈물을 거두어 주오
님의 외로움이 온몸에 스며들었소
여보게 당신을 온몸으로 사랑하오리다

우리 공간에서

별들은
천잠산 봄을 열고
선녀들 꽃잎들 춤을 추는구려
저 멀리 꽃향기
수채화 그녀는 슬픔인가

달빛 걸음
한 걸음 한 발 올릴 때마다
잊으려 해도
우리 작은 가슴 터질 듯한
사랑을 어쩌란 말이오

노을 끝 얼굴
수채화 당신을
내 사랑이라고 부르겠소
내 생에 아름다운 꽃 하나
우리는 운명인 것을

이제라도 우리 공간에서
저 하늘 끝까지
우리 사랑을 놓지 말아요

이름 하나

오늘 스쳐가는
이름 하나는 한 밤의 꿈인가
봄바람 그대였어

처음 사랑이었어
꽃이 피고 지는 사랑이
우리라는 것을

눈가에 흐르는 이름 하나는
보고픈 사랑이라는 것을

언젠가는 너와 나
이름 하나를 부르겠지
끝내는 너와 나
이름 하나를 사랑하겠지

종이 한 장 주시게나

종이 한 장 주시게나
몇 글자 펜 하나로
우리 인연 영원히 했거늘
어쩌다가 우리 인연 굴곡진 세월이던가

비가 내리네
기린봉 산줄기 비가 내리네
홀로 두고 돌아설 때
얼마나 내가 미웠을까

나를 용서하지 마오
그 작은 가슴에 남겨진
그 세월 미운 상처는 어찌하오리까

이제라도
우리 간절한 사랑을 지켜주겠소
내 인생 꽁꽁 묶인 채로
종이 한 장 주시게나

그 사랑 때문에

하늘의 별처럼
서로가 바라만 보았던
그 사랑 때문에 비가 오는 날이면
우리는 행복했지

멀고 먼 길을
돌아오는 긴 세월이
그 사랑 때문에 비가 오는 날이면
우리는 행복했지

우리는 아픈 사랑
미운 사랑 다했어요
오늘 밤엔 사랑의 달빛이
우리 가슴에 영원한 사랑이라 했는데

우리는 그 사랑 때문에
바보처럼 어느 곳이든 함께 떠났는데
그 세월 더한 사랑을 언제까지나

사진 한 장

꽁꽁 얼었던 사랑
우리 인연은 산천을 깨우고
풀잎들은 밤새 울었나 보다

사진 한 장도
밤새 울었나 보다

어느새
내 가슴이 뛰어요
갈색 바람이 불어요

사진 한 장
나이가 들어도
아직도
그대를 간직한 사랑인데

나 그대를

한 번쯤은
나 그대를 사랑한다
말을 해볼까

그냥
스쳐가는 인연일까
나의 숨겨진 사랑으로 남길까

왜 자꾸만
나 그대를 보고 싶을까

지금도
설레는 마음을 어찌할까

갈대 바람

갈대 바람
갈대는 몸부림치고
하얀 꽃들은 고향길 서두른다
사랑이 추운가 보다

세월은
말없이 가는가 보다
갈대에 기댄 바람도
말없이 떠난 사랑인가 보다

우리가 사랑한
추억들을 하나씩 내 던지고
갈대 바람은 말없이 추억들을 담는다

저만치
가는 해를 잡을 수 있을까
사랑한 사람을 잊을 수 있을까
갈대 바람은 우리 아픔이었을까

우리 이야기도 누군가의 사랑이겠지

산모퉁이 바람 시인
가을 이야기를 전한다

가을을 스쳐간 바람 시인은
이 세상을 훨훨 날아서
그리움을 사랑하는데
우리 가슴에는 텅 빈 사랑인가 보오

가을 여러 날
철없던 우리 사랑도
산 넘어 고갯길
사랑 노래나 한 자락 깔아보세
산 넘어가는 사랑
길이 힘들면 쉬었다 가고
우리 이야기도 누군가의 사랑이겠지

바람 시인
구멍 난 갈색 우산으로
가을을 사랑을 이별해 가고 있겠지

우리 사랑을 인연이라 할까요

너의 모습은 누굴까요
내가 사랑한 그 모습인가요
어느새 여러 해 지난
우리는 무엇을 하고 있을까요

우리 모습은 어떨까요
만나기가 서로 두려운 건 아닐까요
저만치 간 시간 속에서 흐느적거리다가
허허하고 웃고 말까요

지금도 처음 만났을 때처럼
그 모습을 사랑할 수 있을까요
사랑할 시간을 가질 수 있을까요
인연이라 할 수 있을까요

다시 한번 시작할까요.
우리는 사랑할 수 있을까요
우리 사랑을 인연이라 할까요

모악산

바람이 오고
사랑이 싹트고
인연이 없는 사랑 때문인지
계절 따라 떠난 사랑

연인들 눈물
풀잎 이슬 사랑인가
지난날 좋았던 사랑은
산골바람 속으로 떠나고

가을밤 달빛 그림자
숨바꼭질은 외로움이 더 한다
그 사람 숨은 사랑도 더 울고
끝내 별빛들은 고개 숙인다

좁은 하늘
쉬어 가는 구름아
산골에 숨은 사랑아
그 사랑이 그토록 서러운가
모악산 산골이 서럽게 우는구려

인연을 그대라고

늘 사랑한 우리
누구나 사연들이 있겠지만
보고픈 서러움을 잊을 수 있을까

달빛에 지는 잎 새마다
깊어만 가는 사랑
화려한 옷 한 벌
그 사람을 사랑했다오

퇴색한 옷 한 조각을
남기고 떠나야 할 인연을

전주천 물결마다
지평선 풀잎마다
소곤대는 봄바람 아낙네인가
여기 이곳을
우리 가슴속에 담았던 얘기들
지금에 와서야
사랑했던 인연을 그대라고

오래된 편지

오래된 편지
편지 한 장을 꺼내 들고
한 번쯤은 보고픔이 있다오

세월에
닳고 닳은 편지
몇 글자는 미운 사랑인지
보고픈 사랑인지는 몰라도
어쩌면 만날 수 있을까

추억에
잠든 편지는
그 옛날 사랑이었어
사랑이 밉다는 그 사람은
지금도 편지를 쓸까

많은 날
전해 온 사랑을
내 마음 개봉조차 하지 않고
멀리 보낸 그 사람을
지금도 소식을 접할 수 있을까

갈매 못 물레방아

흘러간 세월
물레방아 돌고 돌아 마주 앉은 우리

물레방아
온몸이 눈물인 것을
달빛은 흐려만 가는데
되돌아보면
우리의 흔적은 그대로인데

오늘 밤
갈매 못 물레방아
사랑이 너무 아파서
하늘은 까맣게 짙어져만 온다오

물레방아
지친 그 사랑을 위하여
너의 볼에 흐르는 고달픈 세월아
돌고 돌아 소리 내어 울어다오

경아의 일기

노을 하늘
둘이서 서산 너머 가을 되어
길모퉁이 쉬어가는 사랑

경아는 말했지
그 옛날 팔달로에서
우연히 스치듯 마주 본 사람을
지금도 사랑하냐고 물었지

지난 세월인데
오직 나 하나 사랑은
경아만을 사랑한다고 말했지

가끔은
그 사람이 생각이야 나겠지만
그래도
오직 너 하나 사랑이라고 말했지

어느 날 우리는 사랑이 추워서
우린 앙상한 겨울이 오는 길목에서
아픈 가시로 바라만 보며

그 사랑은 A학점

처음 본 순간부터 A학점
오늘도 그리움이 피는 거리에서
사랑한 추억들이 쌓여가는 A학점

오직 서로의 사랑만을 위해
추억의 무대에서 춤을 추었지만
지금은 그 사랑을 놓아야 하네

별빛이 가다가 내 앞에 서면
아직도 내 가슴에 속삭이는 사랑
그 사랑을 내일이면 보내야 하네

내 이름은 그대를 향한 A학점
A학점 사랑이라서 그대는 울겠지
지금도 그 캠퍼스 그 사랑은 A학점이라오

월명산

월명산 사랑이 피었네
앞마당 꽃이 피고 사랑이 피었네

우리 사랑은 진실이었지

세월 가면
꽃이 시들어 가는 것을
월명산을 떠난 다음에 알았네

월명산 사랑이 아픈 것을
나는 바보처럼 이제서야 알았네

다시 널 찾아왔지만
아 아 때늦은 월명산 사랑인 것을

첫사랑

내 텅 빈 가슴에
사랑을 채워줄 당신을
한순간 사랑한 그 사랑을 어찌할까

세월 가는 줄 몰랐던
첫사랑 이제 오면 어떡하나
잘 가시게나

이제는 사랑할 수가 없는데
어쩌다 내 빈자리

내 텅 빈 가슴을
채워줄 그 사랑은 당신이 아닌 것을
첫사랑 잘 가시게나

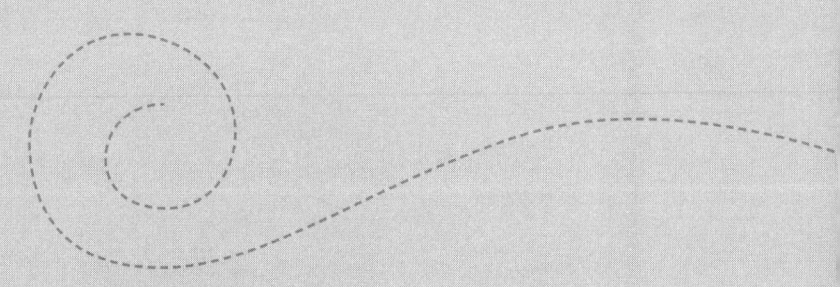

내 인생 사랑이
허무한 뜬구름 한 조각일세
피는 꽃도 뜬구름 한 조각일세

2부

바람의 계절 둘

뜬구름

내 인생 사랑이
허무한 뜬구름 한 조각일세
피는 꽃도 뜬구름 한 조각일세

오늘 헤어진 청춘
다시 온다고 바보처럼 누가 말했나
가는 세월 뜬구름 한 조각일세

하늘이 준
실타래 인연들이
바람 불어 뜬구름 한 조각일세

뜬구름 한 조각
바보처럼 울고 가는 세월아
내가 사랑하는 들에는
파랗게 빨갛게 멍들어 가는구려

어디로 가야 하나

시곗바늘아
사랑도 이별도
만나야 할 기약도 없는데
너는 밤새 세월인가

가는 세월
주름진 세월아
내 모습을 바라보고
너의 모습도 한 구석 세월일세
쓸쓸한 사진 한 장은 말이 없구려

고달픈 마음
사랑도 이별도
슬픈 향기에 취한 세월
우리는 어디로 가야 하나

가슴 패인 지난 세월을
우리는 알게 되겠지
우리 이별이면
다시 만날 수 있는 인연은
어디로 가야 하나

빈 지게

해가 저물면
사랑 한 짐으로 떠나는 사람
바람도 차가운데 잘 가시게나

가는 길 서럽고
사랑 한 짐 무거운데
서산 노을에 비가 내리면 돌아오시게나

오늘 밤 서러운가
너를 보낸 자리 별들도 서럽다는데
그 사람이 아닌 타인으로 떠나는
어둠 속으로 깊어만 가는 빈 지게라오

우리가 사랑한 것들은
지금은 아무것도 가질 수 없는
빈 지게였다는 것을 나는 이제야 알았네

갈색 바람

산과 들에
우리 사랑이 꽃피웠던 가을 이야기들

수줍은 얼굴
빨갛게 달아오르는 사랑 이야기는
지평선 님의 고향 일 백리 행복이었어

지친 세월
눈물 속 사랑 이야기는
손 내미는 아픈 사랑인 것을

끝 사랑 우리는
님의 고향 일 백리 가을 끝에서
우리 사랑을 갈색 바람에 담는다

여기는 서울역인가요

여기는 서울역인가요
알았던 이름도 알았던 사랑도
끝내야 할 사랑인가요

우리 쌓인 사랑은
어디로 보내야 하나요
한참 동안 간직한 추억들도
떠나야 할 시간인데

우리 인연
눈물의 안녕인가요
희미한 불빛 너의 몸짓은
멀어져만 가고
먼 훗날 너와 내가 여기에 온들
희미한 서울역 광장 한 사람인 것을

우리를 위해
누가 울어 줄 수 있나요
바람 소리 기적소리 흘린 눈물
천리만리 멀어져 가는구려

흔적

나 홀로
비가 되어 울고 싶을 때
님의 눈물을 보고 싶다오

별들은 뜬 눈으로
빨간 얼굴 기다리다
새벽닭 울음으로 떠났소

새색시
빨간 얼굴이
내 안에 들어왔다오

사랑은 여기까지
흩어진 사랑 흩어진 세월을
그대가
사랑한 흔적을 지우시게나

풀잎 속삭임

풀잎 소리
가슴에 머무는 것은
난 아직도 지울 수 없는
그 사람 이름인가 보다

풀잎 소리
사랑이 하늘을 날고
인연의 끈은
그 사람 이름인가 보다

풀잎 속삭임
애틋한 사랑인가요
가득 찬 눈물은 우리 사랑인가 보다

풀잎 속삭임
아직도 우리는
사랑할 수 있다는 그 작은 외침이
우리 가슴에 스민다

그곳은

그곳을 그리워하는 사람
이 세상 어디에서
그곳을 생각하고 있겠지

그곳은 첫사랑 추억인데
다시 올 수 있을까
아직도 사랑도 미움도 있는데

우연히 마주친
촉촉한 눈빛은 잊을 수는 없을 거야
우리는 아직도
사랑한 진실을 갖고 사는데

어쩌면
우리 첫사랑은
흔적 없는 추억으로 떠나고
비가 오는 날 그곳은
우산 하나만 울고 가는 것을

첫사랑 인연이었다고

먼 옛날
서글픈 사랑이었어

저 멀리 섬 하나
외로운 바람은 부두만 때린다
애만 태우는 기다리는 첫사랑일까

언젠가는
첫사랑은 우리였다고
첫사랑 인연을 그리워하는 것을

구름 같은 인연
우리 가슴을 헤집고
비를 맞으며 바라본 하늘은
첫사랑 인연이었다고

짝

너와 나
처음 본 순간
너는 활짝 핀 빨간 장미
나는 빨개진 가슴이 뜨거웠지

너의 긴 머리카락 내 볼을 스친다
어느새
내 가슴은 불꽃처럼 사랑을 태운다

너는 이른 아침에
갓 피어난 풀꽃처럼
립스틱 연하게 바르고 사랑을 얘기한다

달빛에
너와 나는 짝
꽃 피는 짝들이
밤새 우리 사랑을 깨운다

이른 봄

구름에 쫓겨 가는 저 달은
봄비가 오는 밤이구려

별들이 떠나는 이 밤에
님의 눈물을 달래나 보세

가슴으로 만질 수 없는 이른 봄
님의 사랑을 만나나 보세

세월에 새 움을 틔우고
밤새 이슬에 이른 봄이 젖는구려

이 작은 편지를

님이여
이 작은 편지를
하늘에 날려보았네
행여나 이 작은 편지를 보려나

사연 많은 우리 사랑을
그 누가 알겠소
지금도 우리는 사랑하는데

사랑은 아직도
우리 가슴에 가득한데
아픈 사랑은 나와 그대인 것을

이 작은 편지를
희미한 세월에 날려보았네
우리는 언제나 만나려나
세월은 자꾸만 멀어져 가는데

숨겨진 얘기

잘못된 만남
상처가 하나 둘
우리 마음속에 자리하고

하나 둘 손가락을 세워보면
나도 울고 너도 울고

지난 얘기 강물처럼 흐르고
우리는 가시덤불이지

오늘도 숨겨진 얘기로
사랑 찾아 떠나는 길
나 홀로 빗속을 걸어야 한다

봄 처녀

꽃바람 나들이
어느 가슴을 훔치려고
꽃봉오리 연한 웃음인가

봄 처녀 꽃잎을 열어
사랑 노래를 불러보게나

그대 가슴에 쌓인 정은
어디로 떠났는지를 모르면서
그 사랑을 찾아간들

봄 처녀
홀로서 꽃이 피고 지는 사랑을
세월 가면 알게 되겠지

어느 날이었어

어느 날이었어
나는 하늘을 바라만 보았어

당신의 뒷모습은
내 가슴에 새겨진 사랑이었어
너와 나는 가는 세월에 행복이었을까

우리 사랑을 저 하늘에 말할까
내 가슴에 쌓였던 그리움을 말할까

어느 날이었어
가을의 뒷모습은 누구일까
가을 사랑을 훔쳐 간 잎새였을까
아니면 우리는
멍하니 눈이 오는 것을

마지막 사랑을

사랑을 해 봐도
사랑을 잡아 봐도 사랑을 보내 봐도
너나 나나 멍든 가슴인 것을

사랑했다는 그 사람을
속삭임도 없이 보내야 했던 날들은
아픈 사랑인 것을

가슴속에 남아 있는 미련 때문에
한 번 더 사랑하는 것은
더 이상 상처 난 사랑으로
살아갈 수는 없다는 것을 너는 알겠지

너나 나나
사랑이 빈 가슴이라 해도
마지막 사랑할 수 있다는 것을 말해주오

가을 잎새

우연한 사랑은
먼 옛날부터 우리 곁에
다가온 인연이었어

우리 사랑은
운명이라는 인연
가을바람은 변덕쟁이
가을 잎새는 서러움이 가득하고

그 사람 가을은 어디로 가나
잎새에 맺힌 이슬은 그 사람 눈물인 것을

가을 잎새
시린 바람이 불거든
내 시린 가슴이나 전해주오

마침표

세월아
그대는 사랑은 어디로 갔을까
앞산에 봄이 왔는데
꽃이 한참을 피었는데

세월아
그대는 사랑은 어디로 갔을까
앞산에 비가 왔는데
나는 한참을 울었는데

내 마음 한구석 사랑이
시들어 가는 것은 찬바람이던가

내 소설 같은 사랑에
마침표를 찍는 것이 그대 세월이던가

우리 찻잔

그대가 사랑한 가을은
언제나 오시려나
그 사랑이 아파서 떠났는데

그대가 사랑한다는 말은
새털처럼 날고
기다리다가 울다가 지쳐가고

사연 많은 그대 사랑은
찻잔에 그리움만 가득하고
그 세월 그 사랑이 많이 아픈데

우리가 사랑하는 것은
우리 찻잔에
갈색 향이 스민다는 것을
그리고
갈색 가을을 우리 찻잔에 담는다

억새풀

억새풀 갈색 바람으로
머플러 날아간 자리
촉촉한 눈빛은 우리 인연이었어

별들은 하나 둘 잠이 들고
새벽이슬로 온몸이 젖어오는 사랑
우리는 먼 길로 떠나야 하오

찻잔에 추억만 남기고
새벽이슬 아픈 사랑 눈물이듯
첫차를 타야 하오

금강의 인연들이
마지막 춤을 추는 갈색 잎들
이슬에 젖어 강으로 흘러만 간다오

서울역에서

새벽하늘 슬픈 얼굴이네
내 마음을 새벽 별이 알아줄까
우리 사랑이 왜 그럴까

슬픔이 온몸에
스며드는 아픈 가슴일까
하필이면 서울역 기차일까

기적소리 마주 잡은 손
이별의 아픔은
두 눈에 이슬이 맺힌다
우리는 사랑했나요
그 사랑을
그 세월에서 사랑할 수 있는데
하지만 인연이 아닌 것을

아픈 가슴
기적소리 속절없이 우는가
미련마저 흐려져 가고
차창 밖 긴 머리
눈물마저도 멀어져만 가고 있구려

그대 가을에서

가을이면
떠돌이 잎 새를 시인 홀로 그리움을
내 가슴에 담았다오

쓸쓸한 마음은 가을바람으로 울고
인생길 낙엽처럼 굴러가는
그 사람 가을은
꼭 울어야만 하는 사랑일까

단풍잎 그대는
외로운 아픔 때문에 시인이 되었나요
가을마다 아픈 사랑은
시인처럼 누구나 있다오

바람아
그대 가을에서 갈색 사랑을 불러주오
구름아
그대 가을에서 아픈 가슴을 울어주오

우리 걸었던 길

우리 흔적 그림물감인데
사랑의 흔적을 지울 수도 없으면서
왜 떠나야만 했을까

우리 걸었던 길
사랑한 길을 왜 아픈 줄 몰랐을까

우리가 사랑한 추억마저
왜 잊어야 했을까
차라리 생각이나 하지 말 것을

우리 걸었던 길
눈물만 흘러간 세월인 것을
우리는 왜
상처만 남긴 사랑을 그리워했을까

5월의 향기를

저 멀리서
누군가 말했지
사랑이란 잠들지 않는 향기라고

저 멀리서
누군가 말했지
첫사랑 당신이 떠나간 것을
그때는 사랑했다고 말할 수 있을까

저 멀리서
누군가 말했지
첫사랑 당신이 다시 사랑하면
그때는 행복했다고 말할 수 있을까

뜬구름 첫사랑을
우리는 아파했을까
꽃이 피면 스쳐 가는 5월의 향기를

사랑은 바보라는 것을

별 하나 밤이면
떠오르는 얼굴을 잊을 수가 없어서
그 사랑을 찾아갔지만
남는 것은 나 혼자라는 것을

마음속에 담아 둔
추억들은 날아가고
정 또한 찾을 수가 없다오
모든 것이 허공 속의 사랑이었어

지난 사랑
흘린 눈물 이슬비 내리고
아픈 사랑 안 할래
그 추억들 꿈이었다는 것을
우리가 사랑한 한 페이지는
아픈 세월 연극이었던 것을

다시 사랑을 하라면 못해요
백 년이든 천 년이든 사랑은 못해요
사랑은 바보라는 것을 나는 알아요
이제는 알아요 사랑은 바보라는 것을

그대 이름을 영아라고 부르겠소

저 하늘 긴 밤이여
나의 별은 어디에 있을까
지난 일 내 가슴에 남아 있는데
목마른 술 한 잔이 오는 이름이여
그대 이름을 영아라고 부르겠소
저 하늘 긴 밤이여
내 사랑은 언제 오시려나
그 얼굴은 내 가슴에 있는데
그대는 어디에서 살고 있는지
좋았던 우리 사랑을 불러 본다오
저 하늘 긴 밤이여
그대 이름을 불러도
그대는 왜 대답이 없는 거요
그대 목소리는 어디에서 들을까
꿈에 보았던 그 사람을 불러 본다오
사랑한 사람아 가까이 있어주오
그대 이름을 부를 수가 없다오
그대 이름아 내 옆에 있어줘
사랑한 날로 돌아가
그대 이름을 영아라고 부르겠소

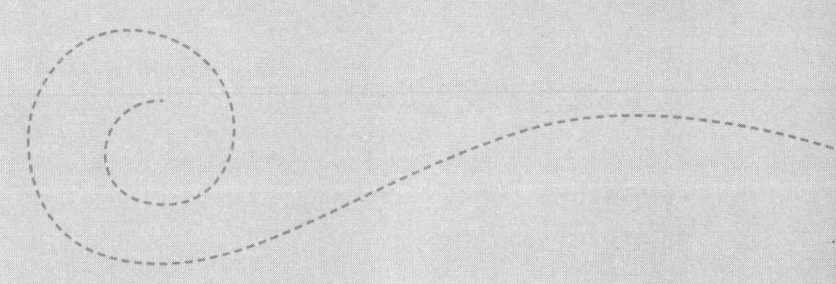

우리는 늘 처음 사랑이고
우린 인연은 처음부터 사랑을 했었어
오직 우리만이 처음부터 사랑을 했다오

3부

바람의 계절 셋

처음부터 사랑을

처음부터
찻잔만 바라본 거야
설레는 마음으로
너를 바라볼 수가 없는 거야
처음부터 너의 매력에 취했어

먼 옛날부터
그리워했던 사랑도
발길 닿는 인연도
잊을 수 없는 사랑도 너라는 거야
세월이 다해도 너만을 사랑한다오

어디든 함께 하는
사랑도 추억도 너라는 거야
우리 인연을
가슴속에 있는 사랑을
유행가 가사처럼 사랑을 했다오

우리는 늘 처음 사랑이고
우린 인연은 처음부터 사랑을 했었어
오직 우리만이 처음부터 사랑을 했다오

두 글자

그대를
밤새 사랑하다가 지친 나는
새벽안개에 서 있네

너를 만나 사랑이란
두 글자를 알고 살아가는 것이
왜 이리도 힘든가요

사랑이라는 두 글자가
왜 이리도 힘든가요

사랑이란
두 글자를 잊을 수 있을까요

바람은 멈추었는데

바람 끝 꽃봉오리 하나
피우지 못한 사랑 빨갛게 물들어 가는
서산 하늘 꽃물인가

어둠이 밀려오는
검푸른 물결에 편지 한 장 띄우고
사랑한 고비마다 바람은 멈추었는데
님이여
사랑이여
씻겨가는 모래알 세월인가

하늘도
바다도
사랑도 바람은 멈추었는데
모두 다 바람은 멈추었는데

너의 가슴이
그토록 빨갛게 파랗게 아팠을까
그 사랑을 피울 수 없는 내 가슴은
왜 이렇게 시리고 아픈 걸까
시린 바람은 멈추었는데

가던 길

가던 길
새색시 미소처럼
살며시 꽃잎 여는 세월을 맞이하고

가던 길
우리 젊은 시절
사랑은 비바람 눈보라 세월에
아픔이 가득하고
찢어진 우산 속 그 사람은 혼자였어

가던 길
우리 과거 속에서 사랑했던 세월에
그 사람이 서럽게 울었던 아픈 가슴을
이제 서야 나는 알았소

가던 길
오고 가는 세월에
그 사람과 함께 울고 웃었던
그 사랑을 어쩌면 좋을까요

경아의 하루

처음 본 사람 우린 눈으로 말해요
과거 속에서 사랑한 사람
다가온 사랑이었어
어느 때나 앞과 뒤 공간에서
마주 보는 눈빛은
빈 가슴을 채워줄 사랑이었어
사랑 이야기는 우리 인생이었어

이런저런 애써하는 소설 이야기
이 순간부터
사랑의 첫 페이지 쓰고
우리 속삭임을 가슴에 새긴다
오늘따라 별빛이 곱다
우리 사랑이 더 곱다

우리 인연은
가슴속에 담아둔 사랑의 뿌리였어
바라만 보아도
사랑을 알았어 꿈을 알았어
어느새 우리는
밤하늘 별들의 집을 찾아가고 있다

일 번지 사랑

사랑아
나 이곳을 떠나지 못하고
빙빙 돌아가는 세월
지난 세월 쓰린 가슴 아려 오고
달 뜨는 저 세월이 나를 원망하더라도
별 하나 숨바꼭질 지난 세월이 그리워서
나 여기에 왔는데

별들의 밤 우연한 별빛처럼
아름다운 만남이고 우리 인연이었지

그대 또한
별 하나처럼 눈물 쌓인 새벽이었지
이제라도 일 번지에서 사랑할 수 있을까

사랑아
하늘이 세월이
다시 인연을 주신다면
사랑을 위하여 당신을 위하여
새벽녘 함박눈이 쌓이는 사랑을 기다리겠소
그 시절 그 세월로 돌아가겠소

그대는 알겠지

지금 어느 곳에서 살아가는
그대를 만나야 하는 이유를
그대는 알겠지

또 다시 그날이 온다면
왜 우리가
헤어져야 하는지를 알 수 있을까

언젠가는 살다 보면 만났겠지
봄비가 오면 만났겠지
지친 삶
하얀 겨울이면 사랑을 알게 되겠지

희미해져 가는 지난날
그리움도 보고픔도
어디로 가야 하는지를

우리는 다시 만나면 알겠지
그대는 알겠지
지금은
아무것도 사랑할 수 없다는 것을

구름 되어 떠돌다

내 인생 구름 되어 떠돌다
어느 곳에서 울어야 하는지
오늘내일 구름 되어 떠돌다
그 옛날 사랑했던 추억을 찾아서
울어나 보자

오늘내일 구름 되어 떠돌다
그대 생각에
허름한 전화번호 쪽지나 찾아서
울어나 보자

산모퉁이 구름 되어 떠돌다
바람 불면 나뭇잎 편지 한 장도
한 조각 세월인데

내 인생
가장 아름답던 사랑을 위하여
구름 되어 떠돌다
소리 내어 우는 하늘처럼
그대 아픈 사랑마다
그대 비가 되어주겠소

소나기

소나기는 누군가를 사랑한
흔적이라도 있을까
오늘은 우리 대신 울어줄까

한없이 걸어야 했던 그 바닷가
님이 그리워 너를 찾아왔는데
우리는 미운 파도 미운 사랑일세

바람아
왔다가 가는 님아
상처만 남기고 간 사랑일세
너나 나나 갯바위
너나 나나 소나기
우리는 한없이 울어야 한다오

소나기야
무작정 사랑한 님도
하늘이 맺어준 인연도
아픈 사랑 너무 아파서
너의 눈물처럼
우리는 흠뻑 울어야 한다오

한 번만이라도

한 번만이라도
산을 찾아 새들에게 말하고 싶다
지지배배 사랑을

한 번만이라도
노을 바다를 찾아 말하고 싶다
뜨거운 사랑을
긴 세월 눈물을
물결치는 나의 마음을

한 번만이라도
아픈 사랑을
우리 이야기로 시를 쓰고
서해 바다 출렁이는 하얀 소리로
사랑 노래를 하고 싶다

한 번만이라도
뱃고동 소리 설레는 시인으로
오래된 추억을
가슴속에 흘린 사랑을
단 한 사람과 함께하고 싶다

마장동 터미널

차창에 맺힌 이슬
잡은 손은 차가워지고
그 사람 얼굴을 덮는다
사랑한 그 세월 눈물인 것을

멀어져만 가는 사람아
돌아갈 수 없는 길인데
두 줄기 눈물은 마르고
고인 눈물은 어디로 가야 하나

소양강 구비마다
가슴 적셔오는 사랑
소양강 떠도는
구름 한 조각 한 세월은
마장동 터미널 그 사람 눈물이었어

소양강 하늘이여
별님에게 전해다오
세월 속 한 페이지 일기장으로
마장동 터미널에서 만나자고 전해주오

소양강 편지

오늘 밤 별은 말해요
사랑은 바람처럼 왔다가는
산 너머 이별이라고

멀지 않아 결혼한다는
편지 한 장은 내 가슴을 애태우고
내 사랑을 지켜줄 수 없는데

소양강 갈대는 술 한 잔인가
나 홀로 그 사랑을 잊을 수 없어
물안개만이 나를 감싸고 있네
함께 한 추억들이 나를 울린다오

소양강아 말해다오
사랑아 말해다오
나는 어쩌란 말이오

아름답던 그 세월 그 사랑은
추억만 남기고 떠난 사람인 것을
편지 한 장도
너와 나는 세월이고 바람이었다오

춘장대

검푸른 파도
우리 가슴을 때리네
춘장대 슬픈 이야기들

산산이 부서지는 사랑 때문에
검푸른 파도는 천둥처럼 울었네

춘장대에 사랑을
버려야만 했던 사랑이 아파
너와 나 슬픈 파도처럼 울어본들
다시 사랑이 오는 것도 아닌데

아픈 사랑을
이제 와서 후회한들
이미 떠난 버린 춘장대 사랑인 것을

시계탑에서

저만치 가는 세월
이별을 남긴 시계탑을 바라보고
나뭇잎 하나 둘 날아서 긴 머리 소녀에 앉는다

허름한 의자
긴 머리 소녀 그대
그 사랑 미련 때문에 사랑했던 추억을 찾아왔나요
다시 만나 사랑할 수 있다고 생각했나요
너와 나를 스케치한 사진 한 장
편지 한 장 남기고 떠난 사람

그 사람을 뒤쫓아 갔지만
말을 건넬 수가 없었네
우리는 언제부터인지 시계탑에 갈 수가 없었다오

사랑이 머물렀던 곳
사진 한 장 편지 한 장만
밤새도록 이슬에 젖어가는구려
이 밤이 새도록 서럽게 울고 있다오
마른 나뭇잎만이 흩어져 겨울을 찾아가고 있다오

꿈이었다는 것을

너와 나는 최고의 파트너
내 생에 최고의 여자
사랑했던 그대를 그리움으로
한 세상을 살아가고 싶소

우리는 어디에서
숨바꼭질을 해야 하는지를
어젯밤 꿈에 몰래 왔다 갔는지를
그 누가 알려 주려나
모든 것이 꿈이었다는 것을

캠퍼스에서
우리가 사랑한 세월에서
우리는 얼마만큼이나 사랑을 했는지
살다 보면 알게 되겠지

우리는 소설처럼 사랑하고
어느 곳이든 다정한 미소로
사랑을 속삭인 세월은
꿈이었다는 것을
기다린 세월도 꿈이었다는 것을

연분홍 사랑

봄나들이 연분홍 치마
사랑을 피우지도 못했는데

사진 한 장 눈물이 흐른다오
청춘은 말없이 가는데
연분홍 사랑은
이루어질 수 없는 그 세월인가요

차라리 모든 것을
잊을 수만 있다면 행복하겠지요
비가 오면 온몸으로 울고
하얀 눈처럼 연분홍 꽃이 날면
온몸에 서러움이 쌓이는데

너와 나 연분홍 사랑은
어디에서 꽃을 피울까
너와 나 다시 만나
꽃을 피울 수 있을까요
하늘이 내려준 연분홍 길
손잡고 걸어갈 수 있을까요
그 사랑 연분홍 치마를 사랑한다오

세월아

세월아 어딜 가는가
가려거든 하늘이 보내준 내 사랑을
별들에게 찾아달라고 말해다오
아직도 내 사랑을 찾아야 하는데

흘러간 내 청춘도 아픈데
세월아 너는 아는가
꽃 피고 질 때마다
차곡차곡 쌓인 세월의 아픔을
어찌하라고

세월아 너는 알겠지
그리워하는 사람을
남몰래 사랑했던 사람을
사랑한다는 말들이 귓가에 맴도는데

어쩌다 사랑한
한 세월에 발목 잡혀
그 세월을 보낼 수가 없는데
아직도 나에겐 아무것도 없는데
세월아 내 사랑을 찾거든 가거라

미美의 사랑은 바보야

처음 본 우리는
인연이었고 사랑했어요
지난 세월 그리움이 쌓여가고
사랑하면 행복했지
처음 사랑이고 인연이었어요
끝없는 사랑일 거라고
우린 그렇게 이 순간까지 사랑했어요

우리는 영혼까지
사랑해야 할 운명인 것을
차라리 미美를 사랑한다는 말은
거짓이었으면 좋겠어요
미美는 사랑의 진실을 아는 거죠

미안해 하면서
사랑해 하면서
돌아올 수 없는 나를 보내는 거죠
미를 사랑하는데 나를 보내는 거죠
미美의 사랑은 진실이었지요
미美의 사랑은 바보야
지금도 당신을 사랑하는데

개나리꽃

하늘 끝에서
노란 꽃잎들이 날아와
그대 어깨에 앉는다

세월 가는 바다 끝에서
서러움이 노랗게 잠긴다

꽃샘바람
나의 맨몸뚱이 살갗을
꽃집 아가씨는 노란 옷을 입힌다

바람난 별 하나
봄을 가슴에 안고
개나리꽃으로 오는가 보다

캠퍼스 가로등

어느 날 말없이
사랑 보따리 하나를 던진 사람

캠퍼스 가로등은
행복한 추억이었지만
우리는 이별의 연습도 안 했는데

이미 우리는
희미한 추억들이 잊혀가고
그 사람은 내 마음을 달래려고
나를 찾아왔지만

캠퍼스 가로등
눈물이 마르기 전에
우리는 남남으로 돌아가야 간다

빈 상자인 것을

그 옛날 사랑한 추억들
만날 수가 없었던 추억들 잊어버리세
우리 사랑은 이루어질 수가 없는 거라고

우리는 얼마만큼이나
간직한 사랑이 있었는지를 모르는데
우리 사랑은 아직도 모르는데

다시 사랑을 하고
다시 추억을 쌓아도
그 세월은 빈 상자뿐이라오

우리 마음조차 빈 상자 아픔인 것을
부질없는 사랑으로 이 세상을 살아가는 것은
그 세월은 빈 상자인 것을

못다 한 사랑

나그네 길 가을아
고운 빛깔 차 한잔하시게나
다음에는 내 사랑과 차 한잔하시게나
가을아 나에겐 아픔이 있다오

웃었던 햇살은 어디 가고
갈색 나뭇잎은 겨울로 떠나려 하는데
멀어져만 가는 못다 한 사랑을 어찌할까

우리 뜨거웠던 사랑을
찬바람 낙엽을 내 마음에 담아본다
내 가슴에 묻어 둔 못다 한 사랑을 어찌할까

내 청춘은 다시는 올 수 없어도
내 얼었던 마음을 가을을 열어서
우리가 사랑할 수 있을 때
때가 되면 못다 한 사랑을 하겠소

그 사랑을 어쩌란 말이오

꽃잎이 날아왔나
금방이라도 사랑이 날아갈 듯 봄인가요

너와 나
걷는 길은 같아도 발걸음 무게가 왜 다를까
아픈 사랑 멍에라오

전주천 우리들 이야기
세월 가면 당신이 나를 기다릴까
허전한 내 마음을 가져갈까

그 사랑을 어쩌란 말이오
운명처럼 다가 온 인연이라오
잊지 못할 사랑이라면 그 사랑을 어쩌란 말이오

처음 그대로 떠나야 하오

오늘 밤
바람 없는
구름 한 점은
어디에서 술 한잔할까

너와 나
술 한잔에 별들을 깨우고
별 하나를 너의 품에 안겨줄까
우리는 별 하나가 될까

너와 나는 첫사랑
세월 가는 것은 우리뿐만이 아니라오
사랑도 이별도
모두 다 떠나는 세월인 것을

너와 나는
구름 한 점으로
처음 그대로 떠나야 하오

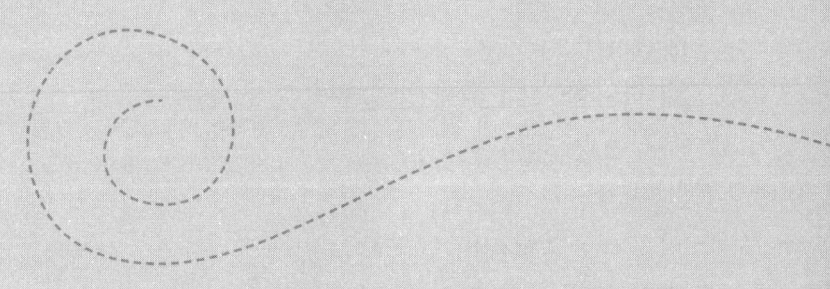

바람인 것을
봄이면 사랑 찾아가는 민들레처럼
너와 나 바람인 것을

나부

바람의 계절 넷

바람인 것을

미움도 사랑도
연분홍 바람인 것을
그 사람은 연분홍이오
그 사람은 연분홍 소녀인 것을
한 걸음마다 이야기는
지난날 아픈 사랑이었어요

구름은 왜 나를 바라볼까
비가 올까 눈이 올까
이별이 올까 사랑이 올까
바람의 세월은 나였어요

내가 사랑했던
연분홍은 바람 되어
산과 들에 사랑을 심고
사랑 이야기는
저 멀리 이웃 동네로 가는
바람인 것을
봄이면
사랑 찾아가는 민들레처럼
너와 나 바람인 것을

영등포의 밤이여

첫눈이 내리는
영등포의 밤이여
나는 걸었네
오늘에서야 사랑을 알았네
우리 인생이었던 거리
사랑한 추억들을 심은 거리

내 가슴에
눈보라만 소리쳐 가는데
약속 시간은 멀어져만 가고
오지 않는 그 사람

기다려도 오지 않는
영등포의 밤이여
호남선 열차 영시에 떠나야 하는데

올 수 없는 그 사람
나는 떠날 수가 없었네
그 사람 꿈이었던 사랑이었던
영등포의 밤이여

그 사랑은 진실인가요

사랑한다는
그 한마디
가슴에 남긴들
진실인지 거짓인지
믿어나 보세

남 몰래 사랑인지
잊어야 하는 사랑인지
사랑을 누구에게 전하는지를

차라리
마음 하나 던진 사랑
그 사랑이 좋았다는
그 사랑은 진실인가요

그 사람
이름 하나 던진 사랑
그 사랑이 좋았다는
그 사랑은 진실인가요

채석강의 슬픈 노래여

수많은 세월에서
바람의 사랑을
수많은 인연을 맺어준 당신

밤새 파도에
부서져 내리는 찢긴 가슴
하늘이여 성난 바람이여
채석강의 슬픈 노래여
내 사랑이 그토록 많이 아팠다오

연인들 뜨거운 사랑 노을 바다인가요
싫어지면 서산 너머 이별인가요
하늘이여 어두운 하늘은 싫어요
오늘 밤만이라도 막아주오
내 가슴에 기대인 사랑은 어찌하라고

내 아픈 사랑 때려서
조각조각 부서지는 사랑이여
온종일 하염없이 하얗게 울었소
채석강의 슬픈 노래여

그 사랑이 좋았네

그 옛날
그 사랑이 좋았네
바람만 불어도 그 사랑이 생각나고
연분홍 봄날 그 사랑이 좋았네

오늘은
연분홍 하늘을 날아요
하얀 나비처럼 너울너울 춤추는
그 사랑이 좋았네

그 흔적 그 사랑이 좋았네
연분홍 꽃망울을 터트린 사랑 얘기들
연분홍 활짝 핀 그 사람은 행복했을 거야
그 사랑이 좋았네

연분홍 꽃
취한 사랑을 전할 몇 글자는
지금도 우리 가슴에 남아 있는데
그 사랑은 끝없는 사랑이겠지요
그 사랑이 좋았네

몇 글자 정답이었을까

너와 나
같은 마음속에서
글자 몇 개를 꺼내고 싶었던 시절을

너와 나
추억의 거리에서
영화의 거리를 걸었던 사랑한 시절을

너와 나
어느 사랑한 곳에서
일기장 한 페이지 사랑한 그리움을

너와 나
소중한 인연에서
사랑한 시험지에 몇 글자 정답이었을까

빙하의 사랑함을

사랑한 사람아
그대 사랑에 나는 누구인지를
그대 한마디 속에 우리 사랑이었는지

사랑한 사람아
언제나 밝힐 수 없는 사랑 때문에
나 그대 때문에 말없이 눈물만 흘렸다오

사랑한 사람아
아 사랑한다는 그 세월을 용서하오
서글픈 세월에 나의 사랑함을 용서하오

이젠 녹여야 하오
저 빙하의 고드름에 쓴 사랑을
아 저 빙하의 사랑함을 녹여야 하오

영시의 사랑을

어쩌다가 여기 왔을까
우리 처음이던 가요
어디서 본적도 없는데

날들이 갈수록
그대가 좋아지는 것을
내 그리움을 잡아주세요

그대가 있어서
그대가 그리워지는데
그대를 좋아해도 될까요

숨겨진 영시의 사랑을
날마다 시작할 수 있을까요
간직한 노래를 불러주세요

추억인 것을

이슬에 젖어가는 너의 눈빛을 믿었던
오직 한 사람만을 인연이라 했던
세월은 어디로 갔을까

내 사랑은 먼지였나
오랫동안 간직한 편지는
지난 세월인가 보오
나는 왜 몰랐을까
너를 사랑한다는 것을

우리 사랑이란
비 오는 날 추억을 만들고
지워가는 발자국이라는 것을
이름 없는 너에게 말하네

오직 너 하나 보고픔을 찾았던
그 옛날 그 사랑은 어디로 갔을까
아픈 사랑은 누구나 오는 것을
가끔은 그립지만
수많은 세월에 사랑했던 그날들은
지난날 추억인 것을

한 여자의 인생인가

이 세상 살아온 길
미처 한 사람을 알지 못한 채
믿어야 했던 조금의 사랑도
이제는 버려야만 하는 한 여자의 인생인가

한참이었어요
쌓이고 쌓였던
가슴 아픈 사연들을
말할 수 없어 구석진 좁은 하늘을
바라보다가 잠이 들곤 했지

과거 속에 사랑했던
나의 하늘은 어디에 있을까
행여나 님이 찾아올까
오늘도 님의 사랑을 기다리곤 했지

살아온 길
참고 참았던 눈물이 서러워서 울었다오
한참을 울었다오
나는 바보처럼 울었다오

전화 벨 소리

전화 벨 소리
차 한 잔에 지난 사랑이
천리만리 잎 새 한 장 눈물짓네

전화 벨 소리
내 가슴은 사랑이었지
그 세월은 사랑 한 장 눈물이네

지금에 와서
내 가슴이 설레는 것은
그 목소리 애만 타는 눈물이네

우리는
지금도 사랑하는가 보오
전화 벨 소리는 사랑인가 보오

찔레꽃 바구니

우연한 하루였지
그대 이름은 사랑이었지
그대는 찔레꽃 바구니에 나를 담았지
그 세월이 좋았네

오랜 세월
꿈 많았던 시절
그대는 찔레꽃 바구니에 나를 가두었지
그 세월이 좋았네

때로는 우리 사랑이
아플 때는 혼자였지만
찔레꽃 그 사랑이 좋았네
그 사랑이 좋았네 그 세월이 좋았네

여기 온 세월
찔레꽃 그 사랑이 좋았네
그 세월 우리만큼은 그 사랑이 좋았네

세월에 앉아

얼마나
세월이 갔는지
한 구름 한 울음 저만치 가고

당신은 모르오
별 사랑을 처음 사랑이라며
설레는 마음을

당신은
달빛처럼 고와서
그 사랑 다시 온다는데
오늘 밤 그 사랑 다시 온다는데

달빛에
실려 온 그 사랑으로
당신과 나 세월에 앉아 떠나요

사랑이 뭐길래

사랑이 뭐길래
당신의 촉촉한 눈빛을 어쩌란 말이오

그날은 좋은 날
우린 서로가 사랑한다는 고백을 했지

사랑이 뭐길래
내일이면 서로가
사랑한 옛정을 남기고 갈 길을 간다오

사랑이 뭐길래 때가 되면
우리가 사랑한 시간을 그리워하겠지

사랑이 뭐길래
아팠던 사랑을 어찌할까
우리는 사랑의 기로에서 서로 소중함을 알겠지

나뭇잎 하나

나뭇잎 하나는
서러웠던 옛사랑을
오래된 기억 속에서 끄집어내는 것은
간직할 수 없는 아픔인 것을

겨울을 재촉하는
나뭇잎 사랑을 지우려나
우리 사랑이 머물렀던 가을을
지금 떠나지 않으면 그 사랑을
너무나 후회를 할 것 같아서 떠나는 것을

너 하나만 쓸쓸한 가을인가
그 사랑은 바람처럼 훨훨 날아서
가느다란 풀잎에 앉는다
그 사랑한 이슬아 오늘 밤은 울지 마오
가는 세월이 아프다오

나뭇잎처럼 우리 사랑은 쓸쓸한데
바람처럼 그대 떠나는 사랑은
그대 마지막 사랑인가
누구의 잘 못도 아닌 것을
나뭇잎 하나는 바람에 가고 있다

한 편의 영화

찔레꽃 그리움이
한 편의 영화가 시작되었네

어느새 우리는
무대의 주인공이 되었지만
한 편의 영화가 영원하지 않더라

님이여
우리 인연을 어찌하오
어찌하여 세상이 사랑을 잊으라 하네
우리는 아직도 사랑이 남았는데

세상아
한 편의 영화를
영원히 영원히 사랑하게 해주오

바bar의 사랑

빨간 장미
누굴 기다리시나요
그림자 사랑을 기다리시나요

너를 보면 행복했지
너의 눈빛은
나를 사랑한다는 것을 알았어

바(bar)에서
너를 생각하며
사랑 노래에 취했지
갈색 잔 너의 모습을 담고 있었지
너의 노래는 내 인생 사랑 얘기였지
연한 불빛
연한 얼굴
애틋한 몸짓은
내 가슴 깊이 스며들고 있었어
스며든 사랑은 너를 향하고 있다오

서글퍼서 울어야 한다면 우는 거야
몸짓 노래는 우린 슬픈 사랑이라오
하늘이여 하나뿐인 사랑을
우리에게 끝마무리 사랑을 주소서
하늘이여 우리 사랑을 지켜 주소서

청춘인 것을

청춘을 사랑했던
세월은 어디쯤 있을까
산과 들에도 청춘은 가고
어느새 우리 청춘도 저만치 가는구려

오랜 세월
너무나 보고파서
스쳐 가는 바람이라도
너였으면 하는 청춘이거늘
세월은 밤낮이 없구려

청춘은 어디 갔을까
수많은 인연들도
바람처럼 스쳐가는 청춘인 것을

먼 훗날에
다시 오는 사랑을
바보처럼 사랑하는 것도
이 세상 모든 것들이
우리 곁에 왔다가 말없이 떠나는
청춘인 것을

다시 사랑할 수 있을까

이 세상 살면서
나 혼자라는 것을 오늘에서야 알았네
방 한 칸에서 옛일을 돌아보니
울어야 할 사람이 생각나는 것은
어떤 사연일까

그토록 간절히 원했던
너 하나 사랑도 지키지 못한
나를 사랑한 당신은 바보야

가을을 그리워하는 사람
아직도 사랑은 가을일 텐데
밤하늘 별들이 가을 속에 있는데

저 멀리 떠나는 사람아
되돌아보지 말고 가게나
멀리서 돌아오는 가을이면
우리는 다시 사랑할 수 있을까

꿈 하나

인연으로 알고 사랑한 것을
우리가 만났던 세월을 사랑하는 것을

내 청춘은 어딜 갔나
세월의 눈물을 풀잎은 알겠지
허수아비처럼 먼 산을 바라보는 것을

오고 가는 해
사랑이 무거워지고 있다는 것을
어느 품에 있든
잠시 쉬었다 가는 인생인 것을

그 세월에 청춘은 알겠지
꿈 하나 시작이라는 것을
너와 나 그 세월에 꿈 하나라는 것을

세월아 어딜 갔소

세월아 어딜 갔소
우리 인연도 어딜 갔을까
운명처럼 다가온 그 사람은
어디로 갔을까
내 사랑은 세월만큼 쌓여 가는데
운명이라는 사랑이 있을까
그렇다고 말할까

가는 세월 원망할 수도 없는데
내 가슴에 심어준
그 사랑은 크고 있는데
세월아 그 사람은 어딜 갔을까
지울 수 없는 사랑아
세월아 어딜 갔소

세월아 내 사랑이
서러워서 너를 불러보는데
세월아 어딜 갔소
내 안에 사랑한 추억들이 쌓였는데
그 사람은 어딜 갔을까
세월아 어딜 갔소

너의 언덕에서

세월아
너의 언덕에서
눈물이 다 말라

우리 사랑
어둠이 내린다오

하늘아
오늘만은 애써 참았던
눈물이나 보내주오

사랑은
세상사 돌이 되어 울겠지

터미널 인연

터미널 노란 코트
갈색 가을 사랑이듯
나뭇잎 하나 둘 거리에 나섰네

서로가 스치듯
직행 버스에 오르면
우리는 빈자리 하나에 마주본다

우연한 발걸음
갈색 찻집에 들어서자
그림자는 어둠에 덮혀지고 있다

깊어만 가는 밤
풀벌레 우는 이야기들
달 따라 여행하듯 인연을 만들었지

가을 편지

노을 진
나락 논 별들이 속삭인다

먹구름 소나기도 가을을 안고
임을 찾아오고
하늘도
산도
바다도 가을을 노래하고
우리는 노랗게 빨갛게
들꽃처럼 피어나고 있다

밤하늘 달빛 그림자
허수아비는 색동저고리
마음만 설렌다

온몸에
달이 지고 별이 지고
새 움을 틔우는 어미도
가을 끝으로 졸졸 따라가고

하나 남은 그리움도
바람 끝에서 머물다 가는 연인들도
사랑이 익어가는 세월 속으로 가고

내장산
색 바랜 가을 편지는
천리 길
하얀 밤으로 떠나는
서산 노을 완행열차이다

한 번쯤은 시가 되어

이른 아침 젊은 날은
하늘이 맺어준 사랑이었지만
그 세월은 어느새 왔다 가는 것을

그래도 한 번쯤은 시가 되어
바보처럼 당신을 찾아왔지만
사랑은 우연도 인연도 아닌 것을

서산 노을 주름진 세월은
곱던 얼굴 사랑한 세월인 것을
당신을 기억할 수 없다는 것을

한 번쯤은 사랑한 세월이
한 번쯤은 시가 되어 사랑으로
만날 수 있다는 그 옛날을 걸었소

우리 이야기인가 보오

우리 사랑한다는
이야기도
희미한 추억도
그 세월을 하나씩 내려놓는다

오랜 사랑도
한밤의 꿈이었는지
그대 달빛에
그 세월을 하나씩 내려놓는다

그리움으로
맺었던 인연조차
거친 찬바람에 쫓기듯
그 세월을 하나씩 내려놓는다

우리 이야기
사랑은 당신 하나뿐인데
저 멀리 보내야 그리움도
그 세월은 우리 이야기인가 보오

바람, 풀잎 이슬 노래하다

바람은
산과 들에 앉아
연인들 풀잎 이슬 스치듯
오고 가는 세월을 흔들어 보는 것을

바람 소리
서산 넘어가면
새벽안개 풀잎 이슬은
연인들 가슴이 젖어 가는 노래인 것을

바람, 풀잎 이슬
그리움을 물들이고
가슴속 깊이 아파하는
나뭇잎 하나 둘 바람의 세월인 것을

고인 눈물이
쓸쓸해 가는 새벽 이야기는
우리 사랑이었고
끝내는 바람, 풀잎 이슬 노래하다.

푸른문학선·226

바람, 풀잎 이슬 노래하다

2024년 11월 10일 초판 인쇄
2024년 11월 15일 초판 발행

저 자 | 강 윤 수
발행인 | 李 惠 順
편집인 | 이 은 별
주 간 | 임 재 구

발행처 | 푸른문학사
등 록 | 제 2015 - 000039
주 소 | 서울시 강북구 도봉로 313 효성인텔리안빌딩
전 화 | 02) 992 - 0333
팩 스 | 02) 992 - 0334

신 문 | 푸른문학신문(인터넷)www.kblpn.com
BAND | 푸른문학
이메일 | poet33@hanmail.net

cafe.daum.net/stargreenwood푸른문학사

ISBN 979-11-88424-98-6

값 13,000원

이 책은 저작권법에 의해 보호를 받는 저작물이므로 무단전재와 복제를 금합니다.